Extreme Readers

ENGLISH
Dual Language
SPANISH

CONFIDENT
3
READER

Predator Attack!

¡El predador ataca!

By Katharine Kenah

School Specialty
Publishing

Columbus, Ohio

School Specialty.
Publishing

Copyright © 2005 School Specialty Publishing. Published by Waterbird Books, an imprint of School Specialty Publishing, a member of the School Specialty Family.

Printed in the United States of America. All rights reserved. Except as permitted under the United States Copyright Act, no part of this publication may be reproduced or distributed in any form or by any means, or stored in a database or retrieval system, without prior written permission from the publisher, unless otherwise indicated.

Library of Congress Cataloging-in-Publication Data is on file with the publisher.

Send all inquiries to:
School Specialty Publishing
8720 Orion Place
Columbus, OH 43240-2111

ISBN 0-7696-3811-2

2 3 4 5 6 7 8 9 10 PHX 11 10 09 08 07 06

Some animals catch and eat
other living things.
These animals are called *predators*.
Predators hunt to stay alive.
Food gives them energy to live.

Algunos animales atrapan
y comen otros seres vivientes.
A estos animales se les
llama *predadores*.
Los predadores cazan para sobrevivir.
La comida les da energía para vivir.

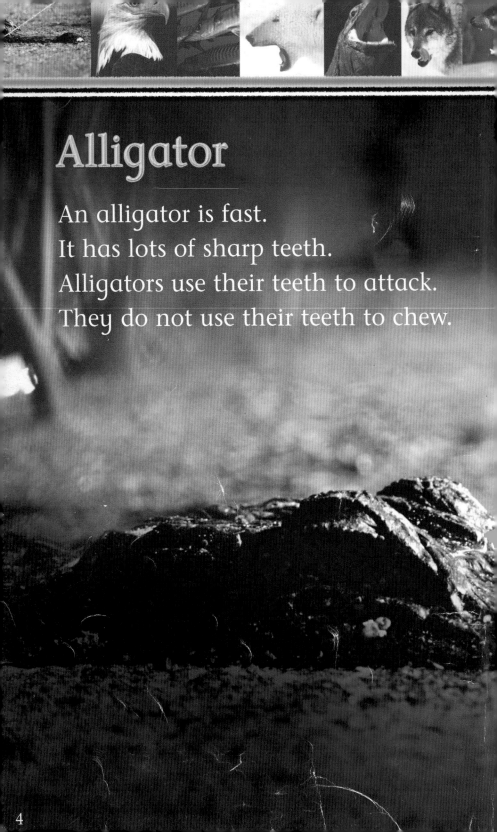

Alligator

An alligator is fast.
It has lots of sharp teeth.
Alligators use their teeth to attack.
They do not use their teeth to chew.

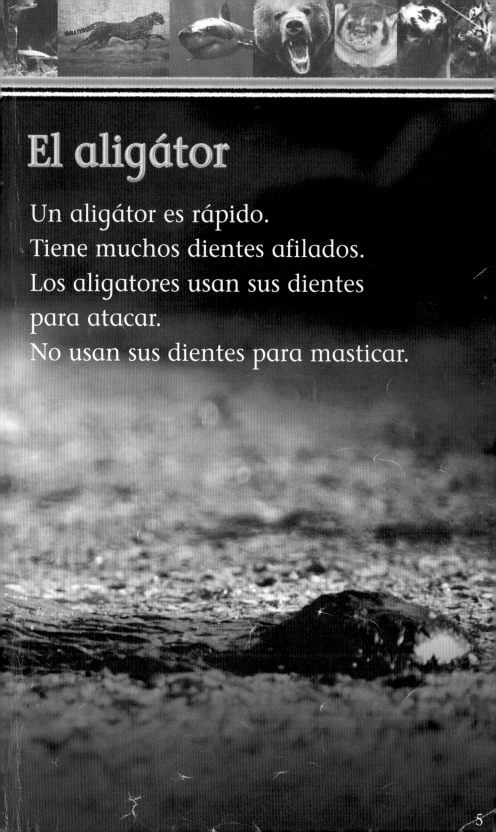

El aligátor

Un aligátor es rápido.
Tiene muchos dientes afilados.
Los aligatores usan sus dientes
para atacar.
No usan sus dientes para masticar.

Bald Eagle

A bald eagle is a good hunter.
It can see farther and better
than any other animal!
Eagles have long, sharp claws
called *talons*.

El águila calva

El águila calva es un buen cazador.
¡Puede ver más lejos y mejor
que cualquier otro animal!
Las águilas tienen garras largas y
afiladas llamadas *garfas*.

Weird Fact - Hecho increíble

- Bald eagles are not bald. Their heads are covered with white feathers.

- Las águilas calvas no son calvas. Sus cabezas están cubiertas de plumas blancas.

Barracuda

A barracuda is called
the "tiger of the sea."
It has long jaws and sharp teeth.
Barracudas eat other fish.
They live in warm, tropical waters.

La barracuda

A la barracuda se le llama
el "tigre del mar".
Tiene mandíbulas largas y
dientes afilados..
Las barracudas se alimentan
de otros peces.
Viven en aguas templadas
y tropicales.

Weird Fact - Hecho increíble

- Barracudas can weigh over 100 pounds,
  about the weight of a very large dog.

- Las barracudas pueden pesar hasta más de
  100 libras, casi el peso de un perro grande.

Polar Bear

A polar bear hunts on the ice.
Its thick fur keeps it warm.
It also makes the polar bear
hard to see.
When a seal pops up for air,
this polar bear will pounce on it!

El oso polar

Un oso polar caza en el hielo.
Su tupido pelaje lo mantiene caliente.
También hace que el oso polar sea
difícil de ver.
¡Cuando una foca aparece
inesperadamente para respirar,
este oso polar se abalanza sobre ella!

Komodo Dragon

A Komodo dragon is
the world's biggest lizard.
It smells the air with its forked tongue.
Komodo dragons never get lost.
They follow smells on the ground
to find their way.

El dragón de Komodo

El dragón de Komodo es
el lagarto más grande del mundo.
Olfatea el aire con su lengua bífida.
Los dragones de Komodo
nunca se pierden.
Siguen los olores del suelo
para encontrar su camino.

Gray Wolf

A gray wolf lives in a pack
with other wolves.
The wolves protect each other.
The howl of a gray wolf
can be heard ten miles away!

El lobo gris

El lobo gris vive en manada
con otros lobos.
Los lobos se protegen unos a otros.
¡El aullido de un lobo gris
se puede escuchar a diez millas de
distancia!

Tasmanian Devil

A Tasmanian devil is a marsupial.
It carries its babies in a pouch.
Tasmanian devils sleep during
the day.
They hunt at night.

El diablo de Tasmania

El diablo de Tasmania es
un marsupial.
Carga a sus crías en una bolsa.
Los diablos de Tasmania duermen
durante el día.
Durante la noche cazan.

Weird Fact - Hecho increíble

- If it is hungry enough, a Tasmanian devil will eat another Tasmanian devil.

- Si tiene mucha hambre, el diablo de Tasmania se come a otro diablo de Tasmania.

Spitting Cobra

A spitting cobra spits venom
into its victim's eyes.
Cobra poison is very strong.
A cobra bite brings death within hours.

La cobra escupidora

La cobra escupidora escupe veneno
a los ojos de su víctima.
El veneno de cobra es muy fuerte.
La mordedura de una cobra produce
la muerte en pocas horas.

Cheetah

A cheetah is the world's fastest mammal on land.
A cheetah can leap 23 feet in one bound.
It can run at 70 miles per hour, as fast as a car.

El guepardo

El guepardo es el mamífero más veloz de la tierra.
Un guepardo puede saltar 23 pies de un salto.
Puede correr a 70 millas por hora, tan veloz como un carro.

Weird Fact - Hecho increíble

- Cheetahs can go from 0 to 40 miles per hour in 2 seconds!

- Los guepardos pueden pasar de 0 a 40 millas por hora ¡en 2 segundos!

Great White Shark

The great white shark is
the perfect killing machine.
It has seven rows of shiny
white teeth.
A great white shark weighs
more than a truck.

El tiburón blanco

El tiburón blanco es
la perfecta máquina asesina.
Tiene siete filas de dientes
blancos y brillantes.
Un tiburón blanco pesa más
que un camión.

Weird Fact - Hecho increíble

- Scientists believe these sharks have poor vision.

- Los científicos creen que estos tiburones tienen mala visión.

Brown Bear

The brown bear is a large
and powerful predator.
It hunts with its strong jaws
and huge paws.
Brown bears walk like people.
Each foot fully touches the
ground with each step.

El oso pardo

El oso pardo es un predador
grande y poderoso.
Caza con su fuerte quijada
y sus enormes garras.
Los osos pardos caminan
como las personas.
Cada pata toca completamente
el suelo con cada paso.

Badger

A badger is a short, furry creature.
It is a fierce fighter.
Badgers have pointed snouts
and long claws.
They hunt for food under leaves.

El tejón

El tejón es una criatura
pequeña y peluda.
Es un luchador feroz.
El tejón tiene el hocico puntiagudo
y garras largas.
Buscan comida debajo de las hojas.

Weird Fact - Hecho increíble

- Snake venom harms badgers only if they are bitten on their noses.

- El veneno de una culebra le hace daño al tejón solamente si lo pica en la nariz.

Osprey

An osprey's feet has tiny spikes.
The spikes help keep prey
from slipping away.
Ospreys build very large nests.
Some nests are 6 feet tall—the size of
a person!

El águila pescadora

Las patas del águila pescadora tienen
diminutas púas.
Las púas ayudan a que la presa
no se escabulla.
El águila pescadora construye nidos
muy grandes.
Algunos nidos miden hasta
6 pies de alto, ¡el tamaño de
una persona!

Weird Fact - Hecho increíble

- Ospreys can plunge into water from high in the sky.

- Las águilas pescadoras pueden caer en picada al agua desde muy alto en el cielo.

Bengal Tiger

A Bengal tiger is
the biggest cat in the world.
It is very strong.
Bengal tigers can live anywhere
that has food, shade, and water.

El tigre de Bengala

El tigre de Bengala es el gato
más grande del mundo.
Es muy fuerte.
El tigre de Bengala vive en cualquier
lugar que tenga comida,
sombra y agua.

Weird Fact - Hecho increíble

- Tigers' tongues are covered with spines for carrying water and combing the tigers' fur.

- La lengua de los tigres está cubierta de púas que usan para llevar agua y peinar su pelaje.

EXTREME FACTS ABOUT PREDATORS!

- Alligators swallow stones to help them stay underwater.
- Polar bears sometimes cover their black noses with their white paws, so seals will not see them.
- Komodo dragons can jog 6 miles without stopping.
- Cheetahs run so quickly that at times all four feet are off the ground.
- Brown bears are shy creatures. They usually try to avoid fights.

¡HECHOS CURIOSOS ACERCA DE LOS PREDADORES!

- Los aligatores tragan piedras que los ayudan a permanece bajo el agua.
- Los osos polares a veces se cubren la nariz negra con sus p blancas, para que las focas no los vean.
- Los dragones de Komodo pueden correr 6 millas sin detenerse.
- El guepardo corre tan velozmente que a veces las cuatro p están en el aire.
- Los osos pardos son criaturas hurañas. Usualmente tratar